Steppentiere

ZEICHNEN SCHRITT FÜR SCHRITT

Doug DuBosque

EVERGREEN is an imprint of Benedikt Taschen
Verlag GmbH

© für diese Ausgabe:
2000 Benedikt Taschen Verlag GmbH
Hohenzollernring 53, D-50672 Köln

First published in 1996 by Peel Productions, Inc.
Original title: Draw Grassland Animals
Copyright © 1996 by Douglas C. DuBosque

Übersetzung aus dem Englischen:
Helmut Roß, Krenglbach
Redaktion und Satz der deutschen Ausgabe:
Königsdorfer Medienhaus, Frechen
Umschlaggestaltung: Catinka Keul, Köln

Printed in Korea
ISBN 3-8228-0827-X

— INHALT —

Großer Ameisenbär 5
Neunbinden-Gürteltier 6
Grüner Pavian 8
Bison 10
Kaffernbüffel 12
Gepard 14
Afrikanischer Wildhund 16
Afrikanischer Elefant 18
Giraffengazelle 20
Giraffe 22
Tüpfelhyäne 24
Rotes Riesenkänguru 26
Großer Kudu 28
Löwe 30
Wanderheuschrecke 32
Kanincheneule 33
Erdmännchen 34
Schwarzschwanz-Präriehund 36
Gabelbock 38
Wildkaninchen 40
Breitmaulnashorn 42
Saiga 44
Sekretär 46
Thomsongazelle 48
Vikunja 50
Viscacha 51
Bengalgeier 52
Warzenschwein 54
Streifengnu 56
Kap-Bergzebra 58
Zeichentipps 60
Ein Wort zum Schluss 62
Register 63

Einleitung

In den Steppen leben Tiere, deren Größe, Aussehen und Verhalten faszinierend ist. Es macht Spaß, diese Tiere zu zeichnen, auch wenn das nicht immer ganz einfach ist. Dieses Buch hilft dir dabei. Schritt für Schritt führt es dich vom einfachen Entwurf bis zum beeindruckenden Endergebnis. Du lernst dabei, genau hinzuschauen und das, was du siehst, zu Papier zu bringen. Du musst kein großer Künstler sein, könntest aber einer werden ...

Beim Zeichnen gehst du am besten in drei Schritten vor: Zuerst platzierst du alle Formen und Teile an der richtigen Stelle, und zwar stets mit leichtem Strich; dann kommen die Details, Strukturen und Schraffuren hinzu; abschließend werden einzelne Striche und Schraffuren korrigiert und etwaige Schmierflecken wegradiert. Die jeweiligen Schritte werden genau beschrieben und illustriert.

Auf den folgenden Seiten kannst du die drei Schritte praktisch nachvollziehen. Im ersten Schritt werden die einzelnen Elemente mit leichtem Strich zusammengefügt. Die am Ende abgebildete fertige Zeichnung enthält sämtliche Details und Schraffuren, auch der Radiergummi war dann schon am Werk.

Du wirst dich am Ende wundern, was für tolle Zeichnungen von Steppentieren dir gelungen sind. Und du wirst sehen, wie viel mehr Spaß es macht, die Formen zu erarbeiten, anstatt sie einfach abzupausen.

Übung macht den Meister! Wähle eine Zeichnung, die dir besonders gefällt. Nun heißt es üben, üben und nochmals üben, indem du den einzelnen Schritten folgst oder selbst welche erfindest. Ist die zehnte Zeichnung besser als die erste? Oder ist vielleicht die zwanzigste oder die hundertste besser?

Viel Vergnügen beim genauen Hinschauen und beim Zeichnen!

Material

- **Bleistift** (beliebig)
- **Bleistiftanspitzer**
- **Radiergummi** (ich bevorzuge Knetgummiradierer)
- **Papier** (auf Zeichenpapier kann man am besten radieren)
- **Wischer** – zum Verreiben von Schraffuren (man kann sie auch mit dem Finger verreiben, was jedoch eine ziemliche Schmiererei ist)
- **ein Platz zum Zeichnen**
- **EINE POSITIVE EINSTELLUNG**

Immer mit leichten Strichen vorzeichnen!

Großer Ameisenbär

Myrmecophaga tridactyla
Südamerika. Länge: 1,5–2 m.
In der länglichen Schnauze sitzt eine lange, klebrige Zunge zum Erbeuten von Termiten und Ameisen. Mit seinen scharfen Klauen reißt das Tier die harten Insektennester auf, um mit raschen Zungenbewegungen seine Mahlzeit aufzuschlecken. Der Ameisenbär schläft im Freien; er legt dabei seinen stark behaarten Schwanz wärmend um den Körper.

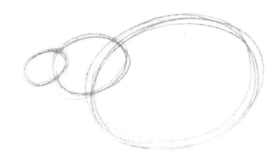

1. Zeichne mit leichten Strichen drei verschieden große Ovale.

2. Zeichne an das kleinste Oval die längliche Schnauze. Zeichne Auge und Ohr und füge oben am größten Oval die elegant gebogene Schwanzlinie an. Deute die Schwanzbehaarung mit einzelnen Strichen an.

3. Zeichne die gekrümmten Vorderbeine und deute die Behaarung an der Hinterseite mit kurzen Strichen an. Füge die nach hinten gekrümmten Klauen hinzu. Zeichne einzelne Bauchhaare ein und füge die Hinterbeine hinzu. Zeichne die markante Brustfläche ein und schraffiere sie.

4. Füge weitere kurze Striche hinzu und schraffiere die Zeichnung. Achte auf die Richtung der Striche! Lass die Vorderbeine heller.

Durch die Schraffuren werden die ursprünglichen Ovale überdeckt!

Steppentiere

Neunbinden-Gürteltier

Immer mit leichten Strichen vorzeichnen!

Dasypus novemcinctus
USA, Mittel- und Südamerika.
Länge: 70–90 cm (mit Schwanz).
Rate mal, wie viele Platten dieses Gürteltier besitzt. Antwort: acht bis elf (eine gute Nachricht, falls du nicht so ordentlich zeichnest). Das Tier gräbt nachts mit seinen krallenbewehrten Vorderbeinen in Erdlöchern und -spalten nach Insekten, Spinnen, kleinen Reptilien und Amphibien. Tagsüber schläft es in seinem Bau, oft zusammen mit einigen Artgenossen.

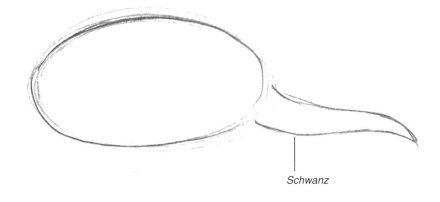
Schwanz

1. Zeichne ein horizontales Oval und füge für den Schwanz zwei spitz zulaufende Linien an einem Ende an.

Kopf

2. Füge für den Kopf ein gerundetes, nach vorne hin schmaler werdendes Rechteck hinzu und zeichne Vorder- und Hinterbein mitsamt den scharfen Krallen.

3. Zeichne die Ohren. Trage eine Linie für den Rand des Kopfpanzers ein (siehe fertige Zeichnung) und füge das Auge hinzu.

   Zeichne das dir abgewandte Vorder- und Hinterbein.

6 Steppentiere

Immer mit leichten Strichen vorzeichnen!

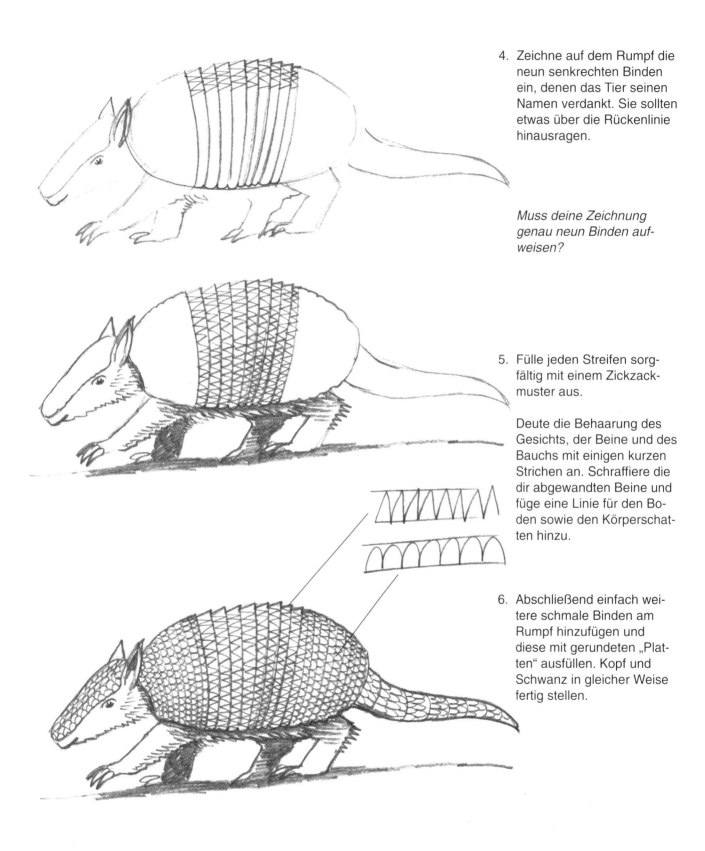

4. Zeichne auf dem Rumpf die neun senkrechten Binden ein, denen das Tier seinen Namen verdankt. Sie sollten etwas über die Rückenlinie hinausragen.

Muss deine Zeichnung genau neun Binden aufweisen?

5. Fülle jeden Streifen sorgfältig mit einem Zickzackmuster aus.

   Deute die Behaarung des Gesichts, der Beine und des Bauchs mit einigen kurzen Strichen an. Schraffiere die dir abgewandten Beine und füge eine Linie für den Boden sowie den Körperschatten hinzu.

6. Abschließend einfach weitere schmale Binden am Rumpf hinzufügen und diese mit gerundeten „Platten" ausfüllen. Kopf und Schwanz in gleicher Weise fertig stellen.

Steppentiere

Grüner Pavian

Papio anubis

Afrika. Länge: bis 1,5 m (mit Schwanz). Paviane leben in Horden von 20 bis zu 150 Tieren. Nachts suchen sie auf Bäumen oder Felsen Schutz. Sie haben ein kräftiges Gebiss und sind Allesfresser (Omnivoren). Auf ihrem Speiseplan stehen Gras, Samen, Wurzeln, Insekten, Vogeleier und kleine Tiere.

Immer mit leichten Strichen vorzeichnen!

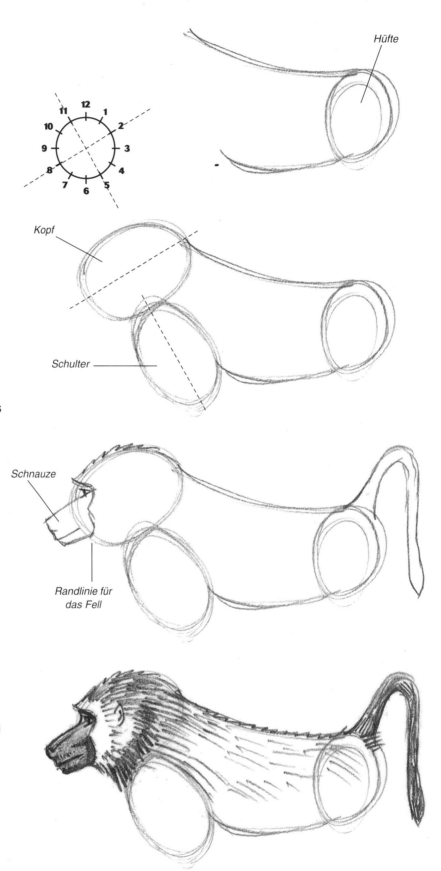

1. Zeichne für die Hüfte mit leichtem Strich ein Oval. Schließe zwei gekrümmte Linien für Rücken und Bauch an.

2. Füge mit leichtem Strich zwei weitere Ovale hinzu, eines für den Kopf und eines für die Schulter. Vergleiche die Neigung des Ovals mit dem Zifferblatt.

3. Füge den fast senkrecht nach oben weisenden und dann schlaff herabhängenden Schwanz hinzu, anschließend die hundeähnliche Schnauze mit Nasenloch, Mundspalt und Auge. Zeichne zuletzt die Randlinie für das Fell.

4. Schraffiere die Schnauze und deute entlang den Körperlinien mit kurzen Strichen das Fell an. Schraffiere den Schwanz und vergiss das Ohr nicht.

Steppentiere

5. Zeichne von der Hüfte aus das dir zugewandte Hinterbein ein, dann das abgewandte Bein. Deute den Boden mit einer Linie an.

6. Skizziere unten am Schulteroval die zwei Vorderbeine. Füge mit leichten Strichen Kreise für die Gelenke hinzu.

7. Abschließend mit kurzen Strichen das Fell einzeichnen, jedoch an Kopf und Beinen einzelne Stellen frei lassen. Achte genau auf die Ausrichtung der einzelnen Haare und auf die helleren und dunkleren Partien. Mit mehreren Linien den Grasboden andeuten. Gras eignet sich prima, um nicht so gut gelungene Füße zu verbergen!

Radiere etwaige Schmierflecken weg.

Steppentiere

Bison

Bison bison
Nordamerika. Länge: 2,6–4,1 m (mit Schwanz); Schulterhöhe: bis 1,9 m. Bisons sind Wildrinder und leben in Herden. Einst ging ihre Zahl in die Millionen, doch die weißen Siedler schlachteten derart viele Bisons ab, dass sie Anfang des 20. Jahrhunderts beinahe ausgestorben wären.

Immer mit leichten Strichen vorzeichnen!

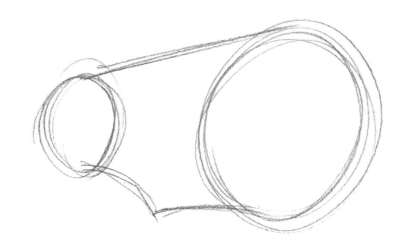

1. Zeichne zwei fast kreisförmige, verschieden große Ovale. Verbinde sie oben mit einer geraden Linie für den Rücken und unten mit einer leicht gekrümmten und fast geraden Linie für den Bauch.

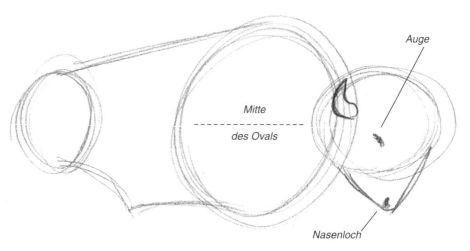

2. Füge an das größere Oval auf halber Höhe ein kleines Oval für den Kopf und ein nach unten weisendes Dreieck für das Maul. Zeichne Horn, Auge und Nasenloch ein.

3. Zeichne mit kurzen Strichen das Fell an Kopf, Nacken, Hals und Rücken ein. Vergiss das Ohr nicht!

Steppentiere

Immer mit leichten Strichen vorzeichnen!

5. Bevor es mit dem Fell weitergeht, musst du Beine und Schwanz hinzufügen. Zeichne die Beine mit leichtem Strich vor und betone die Gelenke in Form kleiner Kreise. Deute den Boden mit einer Linie an.

Beachte, dass die Vorderbeine fast gänzlich mit Fell bedeckt sind. Bei den Hinterbeinen kommt es dagegen sehr auf die Details an!

6. Nun Schulter, Rücken und Vorderbeine mit dichtem Fell bedecken. Die hintere Hälfte leicht schraffieren und den Körperschatten durch einige dunkle Striche betonen.

Radiere etwaige Schmierflecken weg.

Ein schöner Bison!

Steppentiere

Kaffernbüffel

Syncerus caffer

Afrika. Länge: 2,8–4,1 m (mit Schwanz). Ein aggressives, auch für den Jäger gefährliches Tier, denn verwundete Kaffernbüffel greifen nicht selten aus einem Versteck heraus an. Krokodile und Löwen können meist nur junge oder kranke Büffel erbeuten. Die wehrhaften Tiere ernähren sich von Gräsern und Blättern.

Immer mit leichten Strichen vorzeichnen!

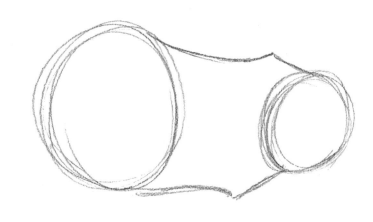

1. Zeichne zwei fast kreisförmige Ovale und verbinde sie wie abgebildet oben und unten miteinander.

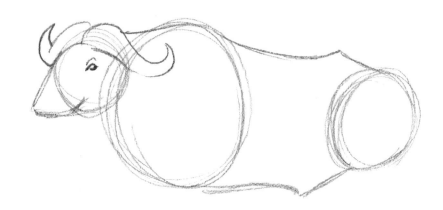

2. Bringe oben an dem größeren Oval mit leichtem Strich einen Kreis für den Kopf an, zeichne anschließend die flache Schnauze sowie Auge und Hörner. Zeichne die Hörner ganz leicht vor, denn oft klappt es nicht gleich beim ersten Versuch.

3. Wenn dir die Hörner geglückt sind, musst du noch Ohren, Nüstern und Maul hinzufügen. Schraffiere Teile des Gesichts mit kurzen Strichen und füge den gebogenen Schwanz hinzu.

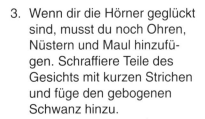

4. Deute Beine und Gelenke mit kleinen Kreisen an. Achte genau auf den Verlauf der einzelnen Linien. Zeichne eine Linie für den Boden: Sie hilft dir, Vorder- und Hinterbeine gleich lang zu gestalten.

5. Füge die beiden dir abgewandten Beine in gleicher Weise hinzu.

6. Schraffiere den Körper mit kurzen Strichen. Wie du siehst, musst du nicht den gesamten Körper schraffieren; beachte aber die dunkle Unterseite. Dieser Hell-Dunkel-Kontrast deutet einen starken Lichteinfall von oben an.

Füge einige hohe Grashalme als Hintergrund ein.

Sieht doch freundlich aus, oder? Von wegen!

Steppentiere

Gepard

Acionyx jubatus

Afrika. Länge: 1,7–2,2 m (mit Schwanz). Der Gepard ist die schnellste aller Großkatzen und kann im kurzen Sprint 112 km/h erreichen. Er macht Jagd auf Hasen, Schakale, kleine Antilopen, Vögel und gelegentlich auch auf größere Tiere. Nach kurzer Jagd wirft er seine Beute zu Boden und tötet sie durch einen Biss in die Kehle.

Immer mit leichten Strichen vorzeichnen!

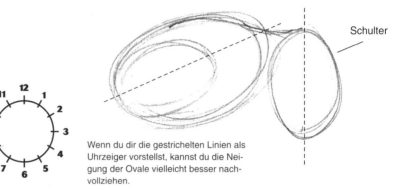

Wenn du dir die gestrichelten Linien als Uhrzeiger vorstellst, kannst du die Neigung der Ovale vielleicht besser nachvollziehen.

1. Zeichne ein kleines, fast senkrechtes Oval für die Schulter. Skizziere ein schräg liegendes Oval für den Körper und zeichne ein kleineres Oval hinein. Verbinde die beiden ersten Ovale oben mit einer kurzen Linie.

2. Zeichne ganz außen für den Kopf ein schräg liegendes Oval ein und verbinde es durch zwei dünne Linien mit dem Rumpf. Füge mit *leichtem* Strich den Schwanz hinzu!

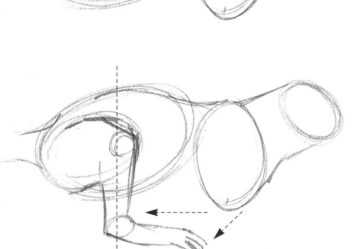

3. Betrachte den Verlauf des Hinterbeins: Das Bein führt vom rechten Rand des inneren Ovals senkrecht nach unten. Wo liegt die Knickstelle in Bezug zum großen Oval? Wie weit nach vorn reicht die Pfote?

   Zeichne nun das Hinterbein.

4. Skizziere von der Mitte und dem unteren Rand des Schulterovals ausgehend das Vorderbein. Achte beim Zeichnen auf den Raum zwischen den beiden Beinen: Stellenweise überlappen sie sich.

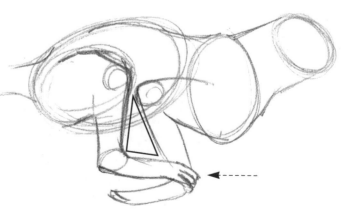

14 Steppentiere

Immer mit leichten Strichen vorzeichnen!

5. Deute an Brust und Bauch mit kurzen Strichen das Fell an. Zeichne das dir abgewandte Vorderbein und füge Kopf und Ohren sowie Mund- und Nasenlinien hinzu.

6. Füge das dreieckige Auge mit den markanten Tränenlinien hinzu. Zeichne an Schulter und Hüfte einen Buckel ein. Radiere nicht mehr benötigte Linien vorsichtig weg. Zeichne am Schwanz die Streifen und Flecken ein.

7. So viele Flecken! Deute die Verlaufsrichtung des Haars mit kurzen Strichen an. Lass dir Zeit beim Schraffieren und Einzeichnen des Fleckenmusters. Zwischendurch immer wieder den Bleistift nachspitzen und die Umrisslinien nachziehen. Geschafft!

Radiere etwaige Schmierflecken weg.

Steppentiere

Afrikanischer Wildhund

Immer mit leichten Strichen vorzeichnen!

Lycaon pictus
Afrika. Schulterhöhe: 60–75 cm. Dieser ferne Verwandte des Haushunds veranstaltet wilde Hetzjagden, räumt jedoch den jüngsten Welpen und verletzten Artgenossen ein gewisses Vorrecht beim Fressen ein.

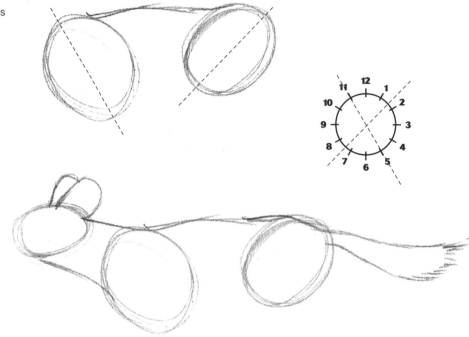

1. Beginne mit zwei geneigten Ovalen und vergleiche die Neigung der Ovale mit dem Zifferblatt. Verbinde beide Ovale mit einer leicht gekrümmten Linie für den Rücken.

2. Zeichne mit leichtem Strich ein Oval für den Kopf. Füge die Ohren hinzu und zeichne Hals- und Nackenlinie. Skizziere dann den Schwanz.

3. Zeichne Schnauze, Unterkiefer und Auge. Deute mit einem spitzen Bleistift und kurzen Strichen die Ausrichtung des Fells an.

4. Wirf einen genauen Blick auf die Beine. Zur besseren Orientierung kannst du die Gelenke mit Ovalen andeuten. Auf den angewinkelten Oberschenkel des Vorderlaufs folgt ein längerer, schmaler und fast senkrechter Abschnitt und die nach vorn abgeknickte Pfote.

   Sieh dir die Vorlage genau an und zeichne den Hinterlauf. Reicht er bis zum Boden?

16   Steppentiere

5. Studiere die einzelnen Abschnitte der dir abgewandten Beine. Wenn du kleine Kreise an den Gelenkstellen anbringst, erleichtert dir das die Orientierung. Beachte, dass nicht das gesamte Bein sichtbar ist!

Füge eine Linie für den Boden sowie aufgewirbelte Erdbrocken hinzu.

6. Aus einer annehmbaren wird eine wirklich gelungene Zeichnung, wenn man sich am Schluss in aller Ruhe den Details zuwendet, weitere Schraffuren anbringt und die Zeichnung von Schmierflecken und überflüssigen Linien befreit. Deute die Fellrichtung mit leichten, kurzen Strichen an. Wirf einen genauen Blick auf die Abbildung, falls du keinen Hund in der Nähe hast. Füge einige kurze Grashalme hinzu.

Betone das Vorderbein, auf dem das ganze Gewicht ruht, etwas stärker.

Spitze deinen Bleistift gut und schraffiere das Fell von der Schnauze bis zum Schwanz und von den Ohren bis zu den Zehen, um dem Hund sein charakteristisches Aussehen zu verleihen. Du musst den Bleistift dabei ganz schön strapazieren. Zeichne mit festen, deutlichen Strichen, wenn du das Fell herausarbeitest.

Steppentiere 17

Afrikanischer Elefant

Immer mit leichten Strichen vorzeichnen!

Loxodonta africana
Afrika. Länge: 6–7,5 m (mit Rüssel). Elefanten können sich täglich bis zu 200 kg pflanzlicher Nahrung einverleiben, weshalb sie in der Nähe von Feldern und Plantagen ungern gesehen werden. Afrikanische Elefanten unterscheiden sich von ihren indischen Verwandten durch größere Ohren und Stoßzähne und durch zwei „Finger" (statt einem) am Rüsselende.

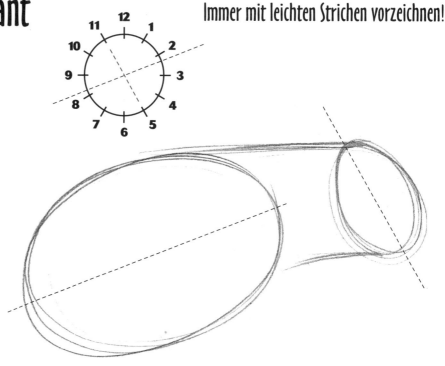

1. Orientiere dich an dem Zifferblatt, um die Neigung der beiden ersten Ovale zu bestimmen.

   Beginne mit einem großen Oval für den Rumpf des Elefanten und füge ein kleineres Oval für den Kopf hinzu.

   Wie groß ist der Platz zwischen beiden Ovalen?

   Verbinde Kopf und Rumpf mit zwei Strichen.

2. Sieh genau hin, wie die Beine aufgebaut sind. *Gibt es ein vollkommen senkrechtes Bein?*

   Zeichne eine Linie für den Boden ein. Skizziere mit Hilfe von Ovalen für Knie, Hüfte und Schulter die Beine (zunächst mit ganz leichtem Strich zeichnen). Ziehe von den Rändern des Kopfovals her zwei leicht gekrümmte Linien für den Rüssel, die fast bis zum Boden reichen.

   Zeichne am Ansatzpunkt des Rüssels einen Stoßzahn und den Mund für die Unterlippe ein, senkrecht darüber das Auge. Füge am Nacken einen Buckel hinzu und anschließend das Ohr – es bedeckt einen Großteil des Halses.

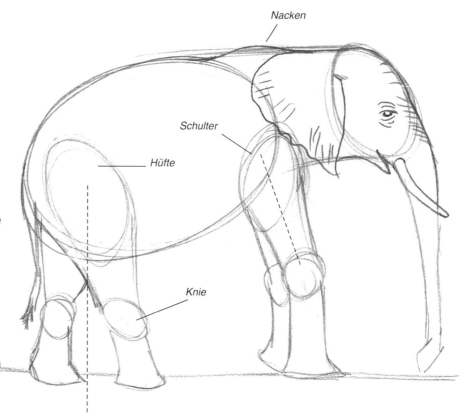

18 Steppentiere

Immer mit leichten Strichen vorzeichnen!

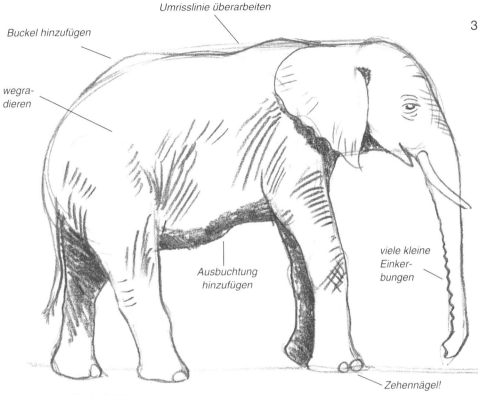

Buckel hinzufügen
Umrisslinie überarbeiten
wegradieren
Ausbuchtung hinzufügen
viele kleine Einkerbungen
Zehennägel!
zuerst immer die dunkelsten Flächen schraffieren

3. Vervollständige zunächst den Umriss des Körpers, indem du einen Buckel am Rücken und eine kleinere Ausbuchtung am Bauch hinzufügst – und die Zehennägel! Überarbeite den Umriss und radiere nicht mehr benötigte Linien weg.

Wirf einen Blick auf die fertige Zeichnung unten auf der Seite oder sieh dir das Foto eines Elefanten an. Beachte die zahlreichen Hautfalten. Kannst du jede einzelne Falte zeichnen? Vermutlich nicht! Doch du kannst sie durch zahlreiche Schraffurlinien, die in Richtung der Falten verlaufen, zumindest andeuten.

Füge als Nächstes Linien hinzu, die den Verlauf der wichtigsten Falten zeigen.

Nun geht es ans Schraffieren. Beginne wie immer mit den dunkelsten Flächen.

4. Wie viel Weiß enthält die fertige Zeichnung? Nicht sehr viel. Ein Elefant ist schließlich grau, und so sollte am Ende auch deine Zeichnung aussehen.

Schraffiere immer weiter. Orientiere dich dabei an der Ausrichtung der Falten.

Wenn du mit deiner Zeichnung zufrieden bist, betrachte sie im Spiegel oder durch die Rückseite, um vielleicht doch noch einige Details zu erkennen, die du verbessern kannst.

Steppentiere

Giraffengazelle

Litocranius walleri

Afrika. Rumpflänge: 1,4–1,6 m.
Diese anmutige Gazelle verdankt ihren Namen dem auffallend langen Hals. Sie ernährt sich von Blättern und Trieben dorniger Sträucher und Bäume. Oft stellt sie sich senkrecht auf die Hinterbeine, um an das begehrte Grün zu gelangen. Die heißeren Tagesstunden verbringt sie bewegungslos im Schatten.

Immer mit leichten Strichen vorzeichnen!

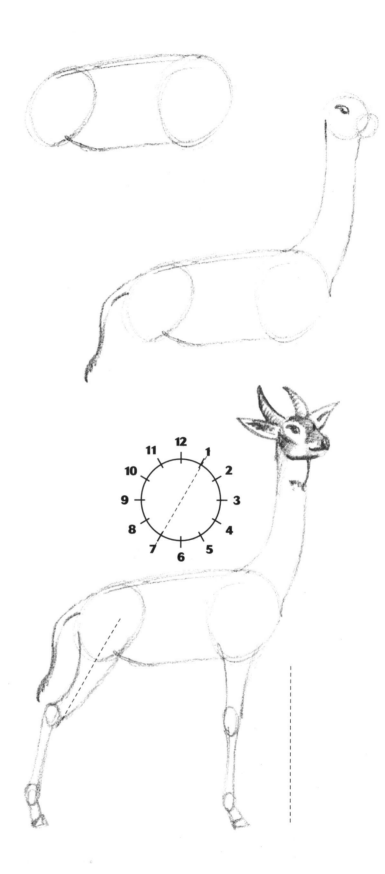

1. Zeichne mit leichtem Strich zwei Ovale und verbinde sie mit zwei sanft geschwungenen Linien.

2. Zeichne mit *leichtem* Strich zwei Kreise für Kopf und Nase. Füge ziemlich weit oben das Auge hinzu. Verbinde den Kopf durch lange, geschwungene Linien mit dem Rumpf.

   Wie lang ist der Hals im Vergleich zum Rumpf?

   Füge den Schwanz hinzu.

3. Zeichne Nase, Mund und Kieferlinie. Füge Hörner und Ohren hinzu und schraffiere Kopf und Ohren wie in der Abbildung gezeigt.

   Zeichne Kreise für die Gelenke der langen, schlanken Beine. Das vordere Bein verläuft nahezu senkrecht, nicht aber das hintere: Beachte, dass es *hinter* dem Rumpf aufsetzt.

20 Steppentiere

4. Füge die beiden anderen Beine hinzu. Überarbeite den Umriss mit dünneren und dickeren Strichen, um die Zeichnung interessanter zu gestalten und die Körperform hervorzuheben.

5. Schraffiere mit kurzen Strichen den Körper. Die Oberseite ist am dunkelsten; die Flanken sind hellbraun, während Hals und Bauch weiß sind.

Wie wäre es mit einigen Akazien als Hintergrund?

Eine sehr grazile Giraffengazelle!

Steppentiere **21**

Giraffe

Giraffa camelopardalis
Afrika. Schulterhöhe: 3,3 m. Scheitelhöhe: fast 6 m.
Giraffen leben in kleinen Gruppen und ernähren sich von Blättern und Früchten von Akazien und dornigen Bäumen.

1. Zeichne mit leichtem Strich zwei leicht nach außen geneigte Ovale und vergleiche ihre Neigung mit dem Zifferblatt. Verbinde beide Ovale unten mit einer leicht gekrümmten Linie.

2. Zeichne die beiden dir zugewandten Beine und markiere die Gelenke mit kleinen Ovalen. Das hintere Bein wird nach oben hin breiter und bildet einen anderen Winkel als das vordere!

3. Füge die beiden dir abgewandten Beine hinzu – mit leichtem Strich, um Korrekturen vornehmen zu können. Ich selbst musste die Länge der Beine bei den Hufen korrigieren, doch zum Glück werden sie später gut durch das Gras verborgen.

   Zeichne nun den Schwanz.

4. Skizziere weit oberhalb des Körpers ein Oval für den Kopf. Füge Halslinie und gekrümmte Nackenlinie hinzu, ebenso die Rückenlinie. Umriss von Mähne, Ohr und Horn skizzieren.

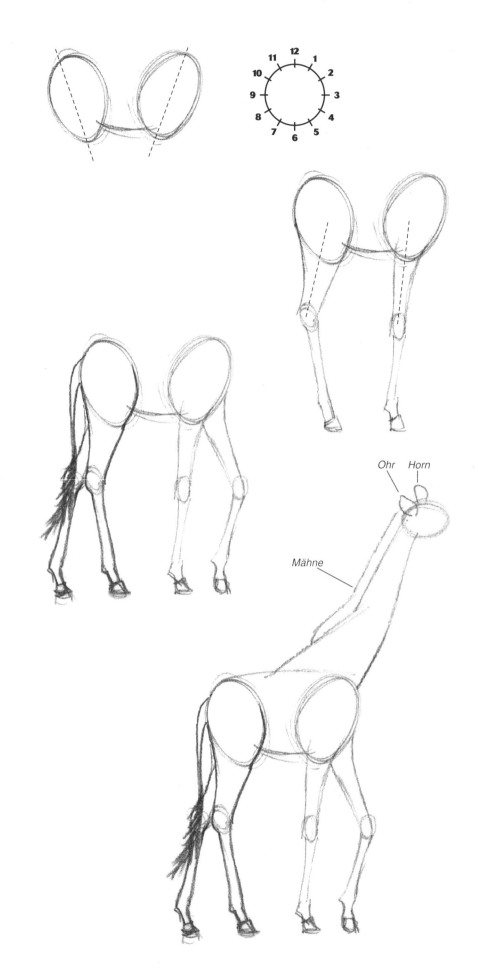

Steppentiere

Immer mit leichten Strichen vorzeichnen!

5. Zeichne Stirn, Nase und Mund. Füge eine waagerechte Linie mit zwei Halbkreisen für Auge und Augenlid hinzu. Deute mit kurzen Strichen die Mähne an. Ziehe zum Schluss sämtliche Umrisslinien nach.

Radiere die Ovale und die anderen nicht mehr benötigten Linien vorsichtig weg.

6. Betrachte das Fellmuster der Giraffe, bevor du mit dem Zeichnen beginnst. Siehst du, dass die meisten dunklen Flecke viereckig, aber nicht quadratisch sind? Betone nach dem Zeichnen des Fleckenmusters die räumliche Gestalt des Tiers mit Hilfe einiger Schraffuren. Deute das Gras mit kurzen Strichen an. Radiere etwaige Schmierflecken weg.

Falls du dich schon gewundert hast: Eine Giraffe muss sich ganz schön verbiegen, wenn sie trinken möchte.

Steppentiere

Tüpfelhyäne

Crocuta crocuta

Afrika. Länge: 1,5–2,1 m (mit Schwanz). Hyänen sind nachtaktive Tiere. Wie Geier sind sie Aasfresser und tragen so dazu bei, die Verbreitung von Krankheitskeimen durch verwesendes Fleisch zu verhindern. Die Tüpfelhyäne ähnelt einem kräftigen Hund und lebt südlich des Äquators.

Immer mit leichten Strichen vorzeichnen!

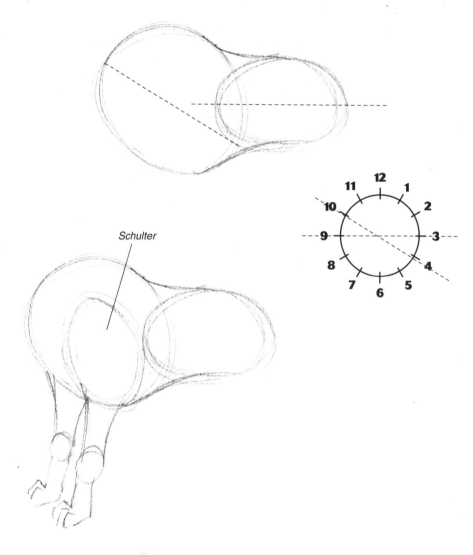

1. Zeichne mit leichtem Strich zwei sich *überlappende* Ovale und verbinde sie mit nach *innen* gebogenen Linien. Beachte die unterschiedliche Neigung der Ovale und vergleiche die Achsen mit dem Zifferblatt.

2. Zeichne mit *leichtem* Strich ein weiteres Oval für die Schulter. Deute die Knöchelgelenke mit Ovalen an und füge Beine und Krallen hinzu.

3. Zeichne kleine Ovale für die *Gelenke* der Hinterbeine und füge die hinteren Gliedmaßen hinzu. Zeichne mit kurzen Strichen den Schwanz.

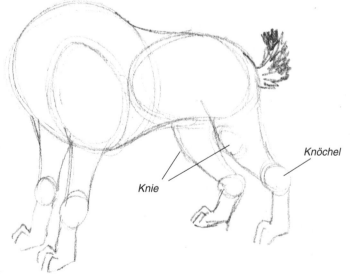

24 Steppentiere

Immer mit leichten Strichen vorzeichnen!

Nacken

Kehle

4. Zeichne mit *leichtem* Strich einen Kreis für den Kopf, der das große Oval aus Schritt 1 berührt. Füge zwei Halbkreise für die Ohren hinzu und deute den Verlauf von Nacken und Kehle mit leichten Strichen an.

5. Zeichne unten am Kopf Maul und Nase ein. Füge ungefähr in der Mitte des Kreises die Augen hinzu; beachte, wie sie zueinander stehen. Bringe die Schnurrhaare an und schraffiere die Gesichtspartie.

6. Ziehe den Umriss nach und zeichne einige Zacken, wo das Fell hervorsteht, genau wie in der fertigen Zeichnung. Füge – an einem Ende beginnend – Schraffuren und Flecken hinzu, zeichne den Schattenwurf ein und radiere etwaige Schmierflecken weg.

Ist deine Zeichnung nicht perfekt, musst du es noch einmal versuchen. Du kannst die Zeichnung aber auch im Spiegel oder durch die Rückseite betrachten, um einzelne Stellen zu erkennen, die du noch verbessern kannst.

Steppentiere

Rotes Riesenkänguru

Macropus rufus
Zentralaustralien. Länge: 1,9–2,7 m (mit Schwanz).
Kängurus halten sich tagsüber im Schatten auf und gehen erst am Abend auf Nahrungssuche. Die Jungen klettern gleich nach der Geburt in einen Beutel, den sie in den ersten 240 Tagen nicht verlassen.

Immer mit leichten Strichen vorzeichnen!

1. Betrachte zunächst die Neigungswinkel der Ovale. Zeichne dann ein Oval für den Oberschenkel und mit leichten Strichen ein größeres Oval für die Rumpfmitte. Zeichne zwei senkrechte Linien für das Bein, gefolgt von einer waagerechten Linie für den Fuß.

2. Zeichne – vom großen Oval ausgehend – den Schwanz ein, der kurz vor Erreichen des Bodens abknickt und am Ende flach aufliegt. Füge den sichtbaren Teil des dir abgewandten Beins hinzu und deute den Beutel an, aus dem das Junge später den Kopf herausstrecken wird.

   Für die Schulter ein weiteres Oval zeichnen und mit dem Rumpf verbinden.

3. Zeichne ganz oben ein Oval für den Kopf. Füge Hals- und Nackenlinie hinzu. Zeichne dann Schnauze mit Nase, Mund und Kinn sowie zwei helle Ohren und ein dunkles Auge.

Immer mit leichten Strichen vorzeichnen!

wichtige Umrisslinien betonen

4. Skizziere – bei der Schulter beginnend – mit geraden Strichen und Ovalen die Arme (der dem Betrachter zugewandte Arm tritt stärker in Erscheinung als der abgewandte). Beachte, dass man die Krallen nur am hinteren Arm erkennen kann, während sie am vorderen Arm vom Betrachter abgewandt sind.

   Zeichne für den Kopf des Jungtiers ein Dreieck. Füge zwei kleine Dreiecke für die Augen, zwei Ohren und eine dunkle Nase hinzu.

5. Radiere überflüssige Linien vorsichtig weg und schraffiere das Fell mit kurzen Strichen. Arbeite mit einem spitzen Bleistift einzelne Details heraus, vor allem an den Gesichtern. Ziehe die Umrisslinien nach und betone einzelne Stellen, um die Zeichnung interessanter zu machen (beispielsweise dort, wo Arm und Bein den Rumpf überlappen). Füge einen schwachen Schatten und einzelne Grasbüschel hinzu.

   Radiere zuletzt etwaige Schmierflecken weg. Zufrieden mit deiner Arbeit?

Kängurus leben in so genannten Trupps von rund einem Dutzend Tieren. Zeichne doch einmal eine ganze Gruppe von Kängurus – möglichst in verschiedenen Körperstellungen.

Steppentiere

Großer Kudu

Tragelaphus strepsiceros
Afrika, in Nordmexiko eingeführt.
Länge: 2,1–3 m (mit Schwanz).
Diese attraktive Antilope ernährt sich von Blättern, Trieben und Samen. Die langen Spiralhörner des Bocks liegen beim schnellen Laufen flach am Rücken. Auch einige weibliche Tiere tragen kurze Hörner.

1. Zeichne mit leichtem Strich zwei Ovale: Das größere für die Schulter ist fast rund, das kleinere ist länglich und leicht geneigt. Verbinde die Ovale oben mit einer *konkaven* und unten mit einer *konvexen* Linie.

   Wo setzen diese Linien bei den Ovalen an?

2. Sieh zunächst genau hin: Wie viel Platz ist zwischen Schulter und Kopf? Zeichne einen Kreis für den Kopf und füge den Vorsprung für die Schnauze hinzu. Zeichne Auge und Ohren sorgfältig ein, füge geschwungene Linien für Hals und Nacken hinzu und deute die Mähne mit kurzen, senkrechten Strichen an.

3. Zeichne die oben spitz zulaufenden Hörner. Deute die Spiralform durch Schraffuren an.

   Füge Nase und Mund hinzu und schraffiere die Stirnpartie.

Immer mit leichten Strichen vorzeichnen!

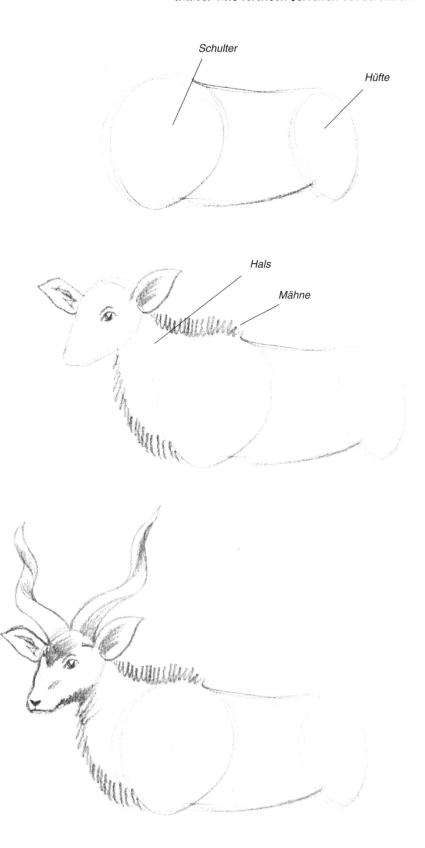

28 Steppentiere

Immer mit leichten Strichen vorzeichnen!

4. Nun kommen die Beine an die Reihe. Zeichne jedoch zuvor eine Linie für den Boden und Kreise für die Gelenke. Verbinde diese miteinander und füge die Hufe hinzu.

   Zeichne den am Ende quastenförmigen Schwanz ein.

5. Schraffiere – mit den dunkelsten Flächen beginnend – sorgfältig den ganzen Körper. Die schwarzen Stellen an Nacken und Schulter stehen für Muskeln. Beim Schraffieren weiße Streifen auf dem Rücken frei lassen (oder später freiradieren).

   Ziehe die Umrisslinien nach und radiere etwaige Schmierflecken weg.

   Das abschließende Schraffieren dauert seine Zeit, doch ich finde, es lohnt sich.

Steppentiere

Löwe (weiblich)

Panthera leo
Afrika (südlich der Sahara), nordwestliches Indien. Länge: 2–3 m (mit Schwanz).
Das kräftigere Männchen besitzt eine stattliche Mähne. Die Weibchen jagen Gazellen, Antilopen und Zebras und bisweilen im Verband auch größere Beutetiere wie Büffel und Giraffen. Als Katzen pirschen sie sich an ihr Opfer heran und erbeuten es nach kurzem Sprint. Männliche Löwen gehen nur selten auf die Jagd.

1. Zeichne ein senkrechtes Oval für die Hüfte. *Sieh genau hin, wie viel Platz zwischen diesem Oval und der Schulter ist!* Zeichne das schräg liegende Schulteroval. Vergleiche die Neigung des Ovals mit dem Zifferblatt und verbinde beide Ovale mit geschwungenen Linien. Füge den Schwanz hinzu.

2. Zeichne einen Kreis für den Kopf, der das Schulteroval überlappt. Füge die Ohren hinzu.

   Zeichne unterhalb der Schulter einen Kreis für das rechte vordere Knie und ergänze Linien für Ober- und Unterschenkel. Zeichne dann das andere Vorderbein. Tatzen nicht vergessen!

   Für die Hinterbeine mit den Kreisen für die Knöchel beginnen (das Knie ist in dieser Pose nicht so wichtig, im Gegensatz zur Zeichnung auf Seite 31).

3. Betrachte das Gesicht und zeichne es nach.

4. Schraffiere sorgfältig den gesamten Körper und achte auf helle und dunkle Flächen. Füge eine Linie für den Boden und einige Grasbüschel hinzu.

Steppentiere

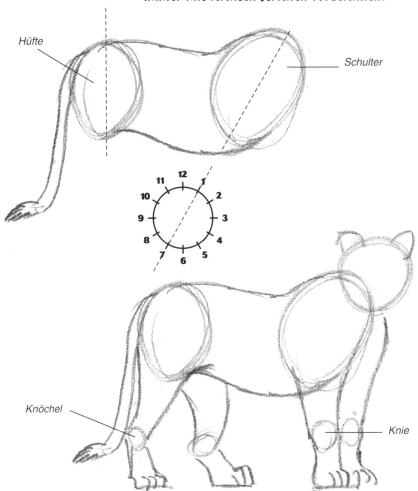

Immer mit leichten Strichen vorzeichnen!

Löwe (männlich)

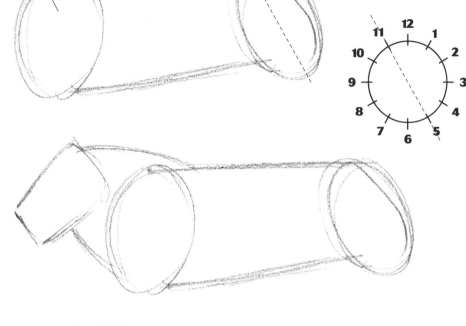

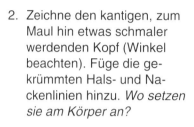

1. Zeichne ein schräg liegendes Oval für die Hüfte. Lass genügend Platz für den Rumpf und füge das Schulteroval sowie Verbindungslinien hinzu. *Wo setzen sie bei den Ovalen an?*

2. Zeichne den kantigen, zum Maul hin etwas schmaler werdenden Kopf (Winkel beachten). Füge die gekrümmten Hals- und Nackenlinien hinzu. *Wo setzen sie am Körper an?*

3. Zeichne eine Linie für den Boden ein und skizziere die Beine mit Kreisen und Linien. Achte genau auf die einzelnen Winkel und die Form der Beine, aber auch auf die *Zwischenräume*.

Füge Nase, Mund, Auge und Ohr hinzu und deute mit kurzen Strichen Schnurrhaare, Mähne und Muskeln an.

4. Schraffiere weiter und betone die einzelnen Muskeln. Der Hell-Dunkel-Kontrast soll ein starkes Sonnenlicht andeuten. Ziehe die Umrisslinien – vor allem an den Beinen – nach.

Radiere etwaige Schmierflecken weg.

Steppentiere

Wanderheuschrecke

Wanderheuschrecken sind auf allen Kontinenten heimisch und können verheerende Schäden anrichten. Ein großer Schwarm kann täglich bis zu 3000 **Tonnen** Getreide vernichten. Kein Wunder, dass sie seit jeher als Plage gelten! Man kann Wanderheuschrecken zwar mit Pestiziden in Schach halten, doch das wäre nicht gut für andere Tiere wie Störche und Nager, die sich von ihnen ernähren.

1. Beginne mit dem Hinterbein. Es ähnelt zwar dem Bein eines Säugetiers, vielleicht einer Gazelle, doch ist es nach hinten abgeknickt.

2. Füge Flügel, Hinterleib und das nächste Bein hinzu.

3. Zeichne Brust, Kopf (auf die genaue Position des Auges achten), Fühler und Vorderbein.

4. Füge die drei Beine auf der dir abgewandten Seite sowie die diagonalen Streifen auf Hinterbein und Flügel hinzu.

5. Achte beim Schraffieren auf die sehr dunklen sowie auf die helleren Flächen.

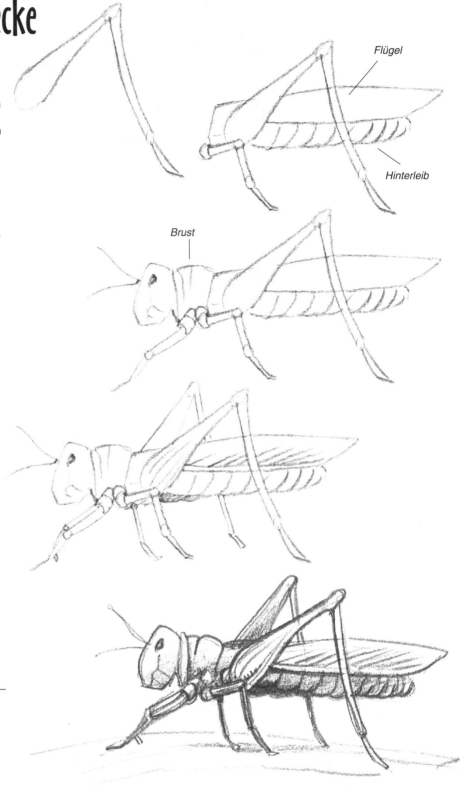

Rezeptvorschlag:

In etwas Olivenöl anbraten und mit Salz würzen. Leicht knusprig braten und sofort servieren.

Einfach köstlich!

Wanderheuschrecken in Aktion: *Jeder Punkt steht für eine Heuschrecke. Wenn der Schwarm schließlich weiterzieht, ist von den Pflanzen kaum noch etwas übrig.*

Kanincheneule

Speotyto cunicularia
Nord-, Mittel- und Südamerika.
Größe: 23–28 cm.
Kanincheneulen bewohnen verlassene Erdbaue von Präriehunden und anderen Säugetieren, die sie oftmals zum Nisten noch weiter ausscharren. Gern folgen sie Hunden oder Pferden, um die von ihnen aufgescheuchten Insekten und kleinen Wirbeltiere zu erbeuten.

1. Zeichne für den Körper ein schräg liegendes längliches Oval. Vergleiche die Neigung des Ovals mit dem Zifferblatt. Füge ein waagerechtes, leicht überlappendes Oval hinzu und verbinde es mit dem Körperoval. Zeichne das stumpfe Schwanzende ein.

2. Beginne beim Gesicht mit dem Schnabel. Deute mit zwei schrägen Strichen die Augenlider an und füge Halbkreise für die Augen hinzu. Betone die Augenpartie durch strahlenförmig verlaufende Striche.

   Zeichne auf dem Flügel parallele längliche Linien für das Gefieder ein.

3. Markiere die Gelenke mit zwei kleinen Kreisen. Zeichne Beine und Zehen mit scharfen Krallen ein.

4. Male die Pupillen aus, doch lass in einem Auge einen hellen Fleck, damit die Eule lebendiger wirkt. Achte beim Schraffieren darauf, dass zum Kopf hin weiße Flecken auf dunklem Grund erscheinen; in Richtung Schwanz verhält es sich umgekehrt.

   Zeichne eine Höhle dazu. Du kannst den Hintergrund etwas verwischen, um dadurch die Eule deutlicher hervortreten zu lassen.

Steppentiere

Erdmännchen

Immer mit leichten Strichen vorzeichnen!

Suricata suricatta
Südliches Afrika. Länge: 45–55 cm (mit Schwanz).
Weil das Erdmännchen am Bauch ein recht dünnes Fell besitzt, setzt es sich aufrecht vor die wärmende Sonne. Zum Abkühlen legt es sich in seinen kühlen, dunklen Erdbau. Erdmännchen fressen vor allem tierische Nahrung. Sie erscheinen possierlich, wären aber keine geeigneten Haustiere, denn sie sind unordentlich und riechen nicht gerade angenehm!

1. Zeichne für Hüfte und Schulter zwei schräg liegende Ovale. Vergleiche die Neigung der Ovale mit dem Zifferblatt. Verbinde beide Ovale mit leicht nach innen gekrümmten Linien.

2. Zeichne – unten links am Hüftoval ansetzend – einen kleinen Kreis für das Knie ein und skizziere senkrecht unter dem großen Oval einen weiteren kleinen Kreis für den Knöchel. Verbinde Kreise und Körper wie abgebildet miteinander. Zeichne vom Knöchel aus die restliche Beinpartie ein.

3. Zeichne mit Hilfe von Kreisen das dir zugewandte Vorderbein. Füge nun das sichtbare kleine Stück des dir abgewandten Vorderbeins hinzu.

4. Zeichne für den Kopf einen Kreis und verlängere ihn zur Schnauze hin. Füge die geschwungene Hals- und Nackenlinie sowie Ohr, Auge und Mund hinzu.

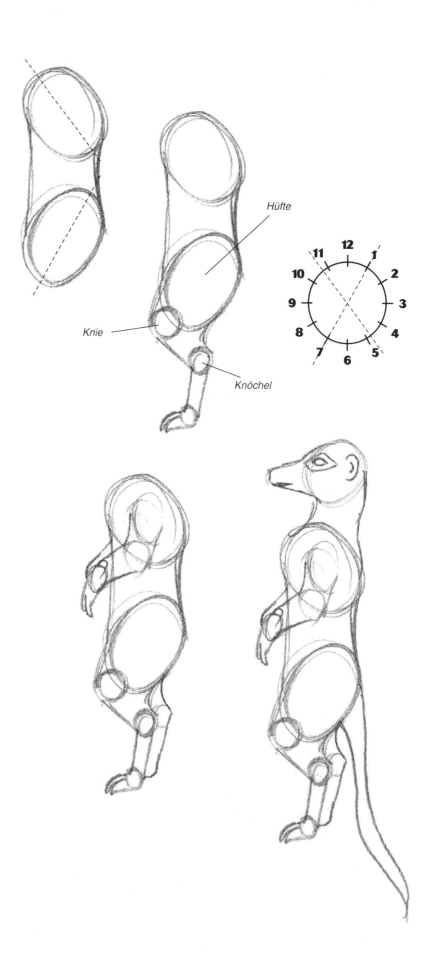

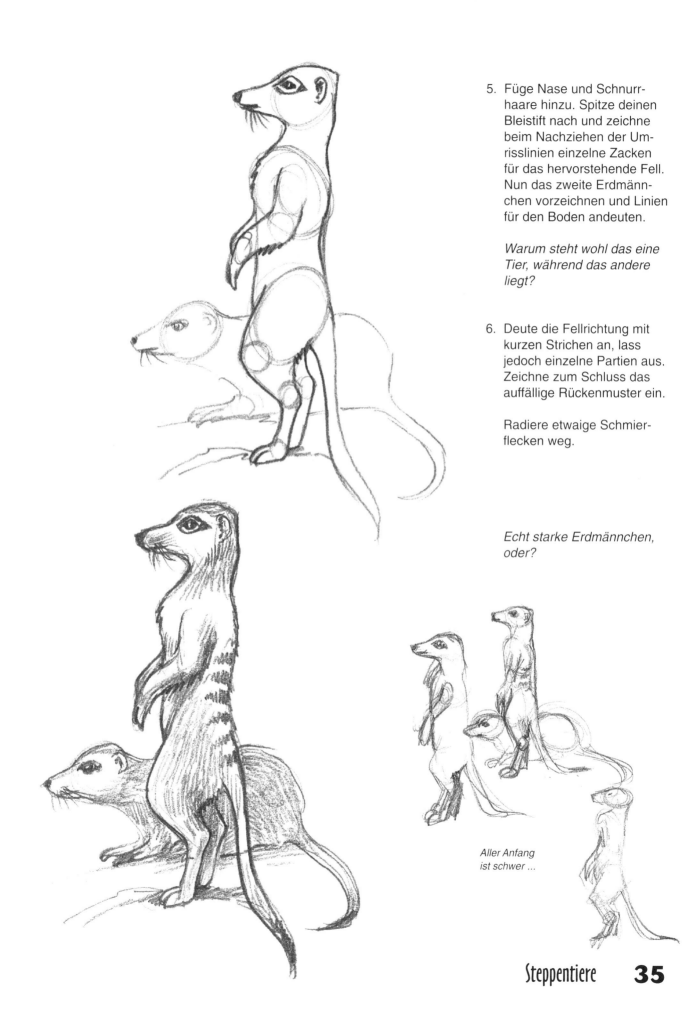

5. Füge Nase und Schnurrhaare hinzu. Spitze deinen Bleistift nach und zeichne beim Nachziehen der Umrisslinien einzelne Zacken für das hervorstehende Fell. Nun das zweite Erdmännchen vorzeichnen und Linien für den Boden andeuten.

Warum steht wohl das eine Tier, während das andere liegt?

6. Deute die Fellrichtung mit kurzen Strichen an, lass jedoch einzelne Partien aus. Zeichne zum Schluss das auffällige Rückenmuster ein.

Radiere etwaige Schmierflecken weg.

Echt starke Erdmännchen, oder?

Aller Anfang ist schwer ...

Steppentiere **35**

Schwarzschwanz-Präriehund

Immer mit leichten Strichen vorzeichnen!

Cynomys ludovicianus
Im Landesinneren der USA.
Länge: 36–42 cm (mit Schwanz).
Trotz ihres Aussehens und Bellens sind dies keine Hunde, sondern gesellige Nager, die in Erdbauen leben und sich von Gräsern und anderen Pflanzen ernähren. Habichte, Füchse, Frettchen und Kojoten sind ihre Feinde.

1. Zeichne *mit leichten Strichen* zwei schräg liegende Ovale, eines für den Rumpf und eines für den Kopf. Füge eine kurze, gekrümmte Linie für den Nacken hinzu.

2. Zeichne Hals und Vorderbein (mit Krallen). Skizziere den buschigen Schwanz mit lockeren Strichen.

3. Deute den Rand des Erdbaus mit einer unregelmäßigen Zackenlinie an.

4. Füge die Maulpartie mit leichten Strichen hinzu. *Beachte genau die Neigung der einzelnen Linien.*

   Wenn du mit dem Ergebnis zufrieden bist, kannst du den vorderen Abschnitt des Ovals wegradieren. Anschließend Auge und Ohr vorzeichnen.

5. Arbeite Auge und Ohr mit geschwungenen Linien aus. Füge mit kurzen Strichen Schnurrhaare und Fell hinzu.

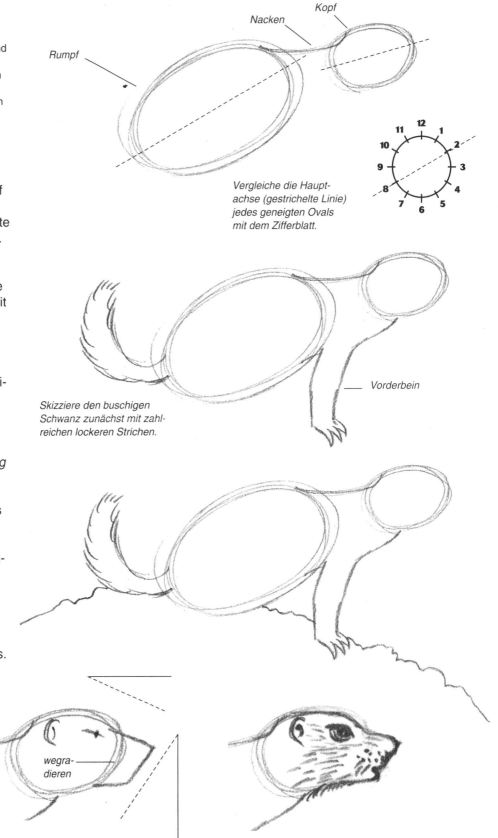

Vergleiche die Hauptachse (gestrichelte Linie) jedes geneigten Ovals mit dem Zifferblatt.

Skizziere den buschigen Schwanz zunächst mit zahlreichen lockeren Strichen.

Steppentiere

Immer mit leichten Strichen vorzeichnen!

zweites Vorderbein

Hinterbein

Rand des Erdbaus

6. Füge nun das zweite Vorderbein hinzu und schraffiere es. Zeichne das Hinterbein. Beim Nachziehen der Umrisslinien einzelne Zacken anbringen, damit es mehr nach Fell aussieht. Den Schwanz kannst du durch weitere kurze Bogenstriche noch buschiger machen. Nicht mehr benötigte Linien der Ovale vorsichtig wegradieren.

7. Betrachte die unterste Zeichnung – wo liegen die dunklen Flächen? Diese Bereiche werden zuerst schraffiert. Betone das Fell der dunkelsten Körperpartien mit parallelen Strichen.

   Skizziere am vorderen Rand des Baus einzelne Erdhäufchen. Schraffiere den Eingang mit kurzen, in unterschiedliche Richtungen verlaufenden Strichen.

8. Arbeite das Fell mit kurzen Strichen aus. Achte auf die wechselnden Verlaufsrichtungen. Füge weitere Schatten sowie Steine und Gras hinzu und radiere etwaige Schmierflecken weg.

   Was mag es da nur Interessantes zu sehen geben?

Steppentiere **37**

Gabelbock

Immer mit leichten Strichen vorzeichnen!

Antilocapra americana
Nordamerika. Länge: 1–1,7 m.
Gabelböcke sind flinke Läufer und gute Schwimmer. Sie ernähren sich von Gräsern, Kräutern und Beifußgewächsen.

1. Zeichne mit leichtem Strich zwei Ovale – ein senkrechtes und ein schräg liegendes. Vergleiche die Neigung des rechten Ovals mit dem Zifferblatt. Verbinde beide Ovale mit geschwungenen Linien – über der Hüfte mit leichtem Buckel und am Bauch mit einer kleinen Krümmung nach innen.

2. Skizziere den Verlauf der Beine mit Hilfe von Kreisen und Linien und achte dabei besonders auf die Winkel.

   Die Kreise an den Gelenken sollen dir das Zeichnen der Beine erleichtern. Später kannst du – vielleicht anhand eines Fotos – auch andere Beinstellungen wählen.

3. Füge die beiden dir abgewandten Beine hinzu und zeichne ein kleines Oval für den Kopf. Verbinde Kopf und Rumpf mit einer geraden Nackenlinie *(beachte den Ansatzpunkt am Rumpf)*. Zeichne dann die zweifach gekrümmte Halslinie.

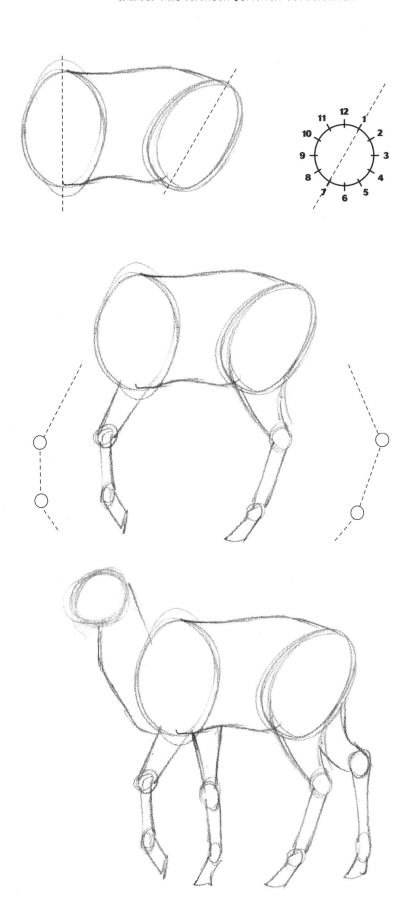

Steppentiere

Immer mit leichten Strichen vorzeichnen!

4. Füge das Maul mit Nase und Mund hinzu. Zeichne das Auge recht weit oben ein. Füge Ohren und Hörner hinzu.

   Nicht mehr benötigte Linien vorsichtig wegradieren. Bleistift nachspitzen und Umrisslinien nachziehen – mal dicker, mal dünner (mit zunehmender Übung wirst du ein Gefühl dafür bekommen). Beachte besonders die Schnittpunkte und Krümmungen.

5. Schraffiere den gesamten Körper mit kurzen Strichen (nicht über den Rand hinaus). Lass das Hinterteil und stellenweise auch das Gesicht und den Hals hell.

   Dieser letzte Schritt dauert womöglich länger als alle Vorarbeiten. Lass dir viel Zeit dafür!

   Radiere etwaige Schmierflecken weg.

Steppentiere

Wildkaninchen

Oryctolagus cuniculus
Europa, nordwestliches Afrika; in andere Länder eingeführt.
Länge: 39–52 cm.
Dieser Urahn des Stallkaninchens lebt in unterirdischen Kolonien und ernährt sich von Gräsern und Blättern, im Winter auch von Rinde und Wurzeln. Um Artgenossen zu warnen, gibt das Tier mit dem Fuß Klopfzeichen.

Immer mit leichten Strichen vorzeichnen!

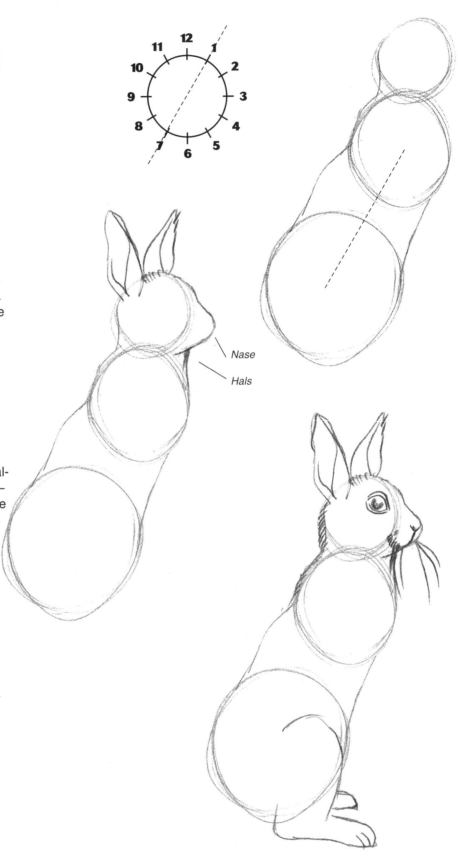

1. Zeichne mit leichtem Strich drei Ovale (die beiden oberen müssen sich berühren). Verbinde alle drei Ovale wie abgebildet miteinander.

2. Zeichne die Ohren – sorgfältig und mit *leichtem* Strich – und füge die rundliche Nase und die Halslinie hinzu.

3. Füge Auge, Mund und Schnurrhaare hinzu und arbeite die Nase aus. Skizziere anschließend die Hinterbeine.

Immer mit leichten Strichen vorzeichnen!

4. Zeichne Stummelschwanz und Vorderbeine. Beginne – von den dunkelsten Flächen ausgehend – mit dem Schraffieren (sieh dir hierzu die fertige Zeichnung an).

5. Fülle abschließend den Körper mit kurzen Strichen für das Fell aus. Füge einige Grashalme hinzu. Überarbeite die Umrisslinien wenn nötig an einigen Stellen, um Akzente zu setzen oder das Fell zu betonen. Radiere etwaige Schmierflecken weg.

Steppentiere

Breitmaulnashorn

Ceratotherium simum
Afrika. Länge: 3,6–4 m.
Breitmaulnashörner, die unter den Landsäugetieren nur noch von Elefanten an Größe übertroffen werden, sind friedfertige Tiere, die meist lieber flüchten als angreifen. Dieses Nashorn besitzt in der Unterlippe eine Hornkante, die das Abäsen von Gräsern erleichtert.

Immer mit leichten Strichen vorzeichnen!

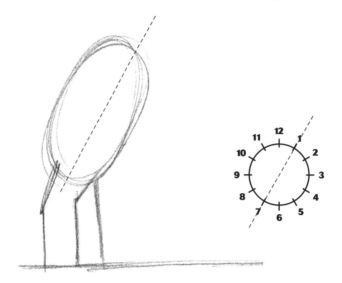

1. Zeichne mit leichtem Strich ein großes, schräg liegendes Oval, das die Hüfte bilden soll. Vergleiche die Neigung des Ovals mit dem Zifferblatt. Füge zwei abgeknickte Linien für das zugewandte und eine gerade Linie für das abgewandte Bein hinzu. Zeichne eine Linie für den Boden ein.

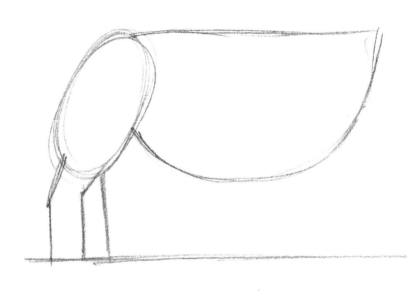

2. Setze ganz oben am Oval eine waagerechte Linie für den Rücken an und weiter unten eine ausladende, halbkreisförmige Linie für den Bauch. Verlängere die Linie für den Boden.

3. Zeichne rechts am Rumpf ansetzend zwei rechtwinklig zueinander stehende Linien. Skizziere darunter das dir zugewandte und daneben das dir abgewandte Bein. Deute Hals und Nacken in Form eines Vierecks an.

42 Steppentiere

Immer mit leichten Strichen vorzeichnen!

4. Füge ein nach vorne hin schmaler werdendes Viereck für den Kopf hinzu und zeichne anschließend die beiden Hörner und den Schwanz.

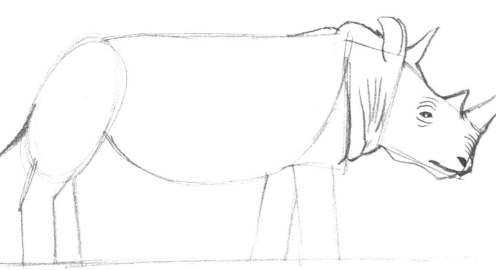

5. Du musst jetzt noch eine Menge Details zeichnen, damit der Kopf Gestalt annimmt. Sieh immer erst genau hin und zeichne mit ganz leichtem Strich vor. Füge Falten und einzelne Einbuchtungen an Stirn und Hals hinzu. Vergiss Auge, Ohren, Lippe und Nasenloch nicht.

6. Skizziere anhand der Abbildung Krümmungen für die Beine und erweitere sie unten zu Füßen. Zeichne die Zehennägel. Zeichne die Rippenfalten ein und schraffiere alles mit kurzen Strichen. Schraffiere die Unterseite des Körpers und die dir abgewandten Beine stärker. Folge beim Schraffieren des Kopfes dem Faltenverlauf. Füge Gras und einen kleinen Reiher hinzu.

Radiere etwaige Schmierflecken weg.

Falls du noch nicht zufrieden bist, Schraffur verstärken!

Steppentiere

Saiga

Saiga tatarica
Zentralasien. Länge: 1,2–1,7 m.
Saigas wandern durch kalte, baumlose und windreiche Ebenen. Man nimmt an, dass ihre großen Nasen die Atemluft vorwärmen und befeuchten.

Immer mit leichten Strichen vorzeichnen!

1. Zeichne zwei Ovale und verbinde sie mit leicht geschwungenen Linien.

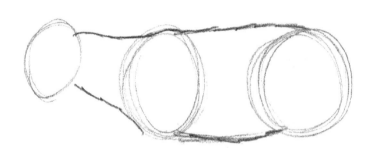

2. Füge ein drittes Oval für den Kopf hinzu und trage Hals- und Nackenlinie ein. Beachte die Ansatzpunkte am Kopfoval.

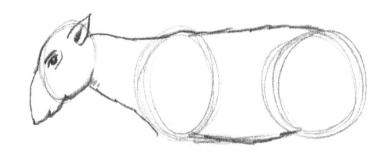

3. Zeichne die längliche Nase sowie Auge und Ohr.

4. Skizziere mit Hilfe von kleinen Kreisen an den Gelenken das vordere und das hintere Bein.

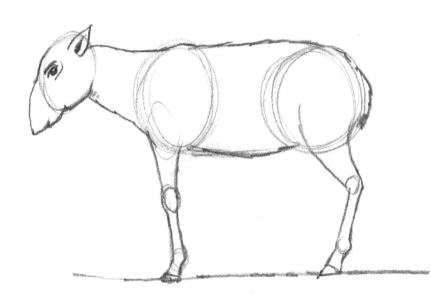

Steppentiere

Immer mit leichten Strichen vorzeichnen!

5. Zeichne die beiden dir abgewandten Beine.

6. Füge die Hörner hinzu und radiere die nicht mehr benötigten Linien vorsichtig weg. Sieh dir die fertige Zeichnung sorgfältig an, bevor du mit dem Schraffieren anfängst. Beginne mit dem Gesicht.

7. Schraffiere mit kurzen Strichen den gesamten Körper. Du kannst einen weicheren Effekt erzielen, indem du einen Teil der Schraffur vorsichtig mit dem Finger, mit einem tütenförmig zusammengerollten Stück Papier oder mit einem Wischer bearbeitest.

   Wasche dir die grafitverschmierten Hände, damit sie auf deinem Bild keine unerwünschten Abdrücke hinterlassen.

   Radiere etwaige Schmierflecken weg.

Steppentiere

Sekretär

Sagittarius serpentarius
Afrika. Größe: 1,5 m.
Dieser majestätische Vogel läuft viel; er legt täglich rund 30 km zurück. Er ist vor allem als furchtloser Bezwinger von Schlangen bekannt, die er mit seinen stelzenartigen Beinen tottrampelt. Der merkwürdige Name bezieht sich wahrscheinlich auf seine Kopffedern, die jenen Schreibfedern oder Stiften ähneln, die sich die menschlichen Sekretäre einst hinter das Ohr klemmten.

Immer mit leichten Strichen vorzeichnen!

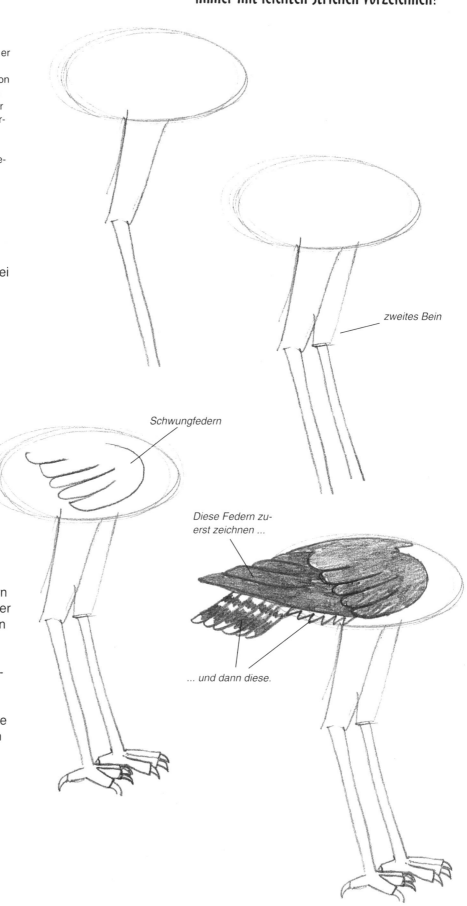

1. Zeichne ein waagerechtes Oval, von dessen Mitte zwei Beinabschnitte ausgehen.

   Achte auf die Neigung der beiden Abschnitte; keiner von ihnen verläuft genau senkrecht.

2. Füge nun das zweite Bein hinzu.

   Ist das zweite Bein ganz zu erkennen?

3. Zeichne die Schwungfedern und füge die Füße mit je vier Zehen und scharfen Krallen hinzu.

4. Zeichne von den Schwungfedern aus den hinteren, dreieckigen Flügelteil und zeichne einige Linien für die Federn ein. Füge die unten hervorragenden Federn hinzu und schraffiere alles.

46 Steppentiere

5. Füge zwei lange Schwanzfedern hinzu. Schraffiere die untere Körperhälfte und versieh sie mit Zackenlinien. Schraffiere die obere Beinpartie mit kurzen Strichen. Ziehe die Umrisslinien der nackten Beinabschnitte nach und unterteile sie mit gleichmäßigen waagerechten Strichen.

Schraffiere die Füße und füge den Boden mit Gras und einer erbeuteten Schlange hinzu.

6. Zeichne für den Kopf ein kleines, waagerechtes Oval und verbinde es durch sanft geschwungene Linien mit dem Körper. Füge Hakenschnabel, Nasenloch, Auge und die markanten Kopffedern hinzu.

7. Zeichne die Halsfedern mit kurzen Strichen und schraffiere den Kopf wie abgebildet. Radiere etwaige Schmierflecken weg.

Herr Sekretär, bitte zum Diktat!

Steppentiere

Thomsongazelle

Gazella thomsoni
Afrika. Länge: 1–2,3 m (mit Schwanz). Gazellen leben in Herden und ernähren sich von kurzhalmigen Gräsern. Trinkwasser benötigen sie nur bei größerer Trockenheit. Löwen, Geparden, Wildhunde und Hyänen sind ihre Feinde.

Immer mit leichten Strichen vorzeichnen!

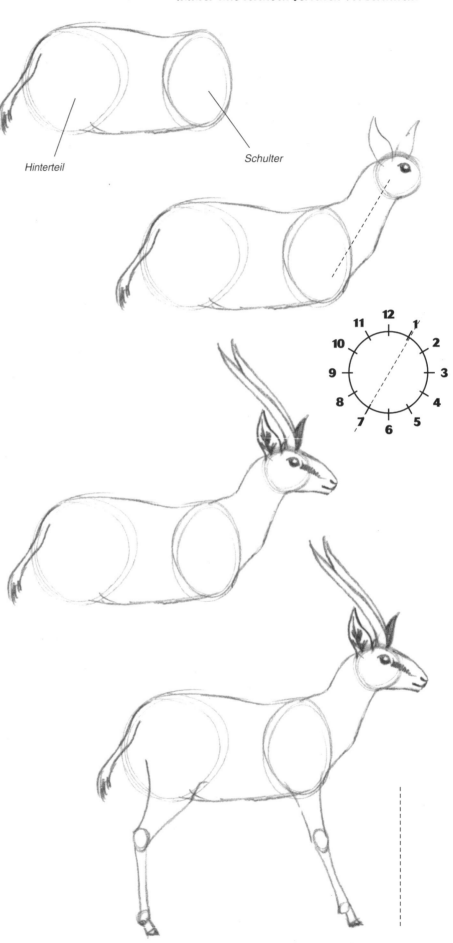

1. Zeichne einen Kreis für das Hinterteil und ein kleineres, senkrechtes Oval für die Schulter. Verbinde beide Ovale mit zwei leicht gekrümmten Linien. Füge den Schwanz hinzu.

2. Sieh genau hin: Wie groß ist der Abstand zwischen Schulter und Kopf? Welche Lage hat der Kopf in Bezug zum Rumpf? Vergleiche die Neigung mit dem Zifferblatt.

   Zeichne einen Kreis für den Kopf und verbinde Kopf und Rumpf mit geschwungenen Linien. Füge Auge und Ohren hinzu.

3. Verlängere den Kopfkreis nach vorn hin und zeichne Nase und Mund. Zeichne mit sehr leichtem Strich die Hörner; drehe eventuell das Blatt. Das hintere Horn ist leicht verdeckt. Zeichne auf die Innenseite der Ohrmuschel das dunkle Fellmuster. Füge den Richtung Nase verlaufenden dunklen Streifen hinzu.

4. Zeichne mit Hilfe kleiner Ovale für die Gelenke die Beine und Hufe. Achte genau auf die Neigung der einzelnen Beinpartien.

Steppentiere

Immer mit leichten Strichen vorzeichnen!

5. Zeichne eine Linie für den Boden ein und füge die beiden übrigen Beine hinzu. Deute anhand der Abbildung die Konturen der hell bleibenden Fläche am Hinterteil an. Skizziere den markanten dunklen Fleck an der Flanke.

   Zeichne die Hautfalten an Hals und Kehle ein.

6. Schraffiere mit kurzen, in Fellrichtung verlaufenden Strichen den gesamten Körper, ausgenommen die hellsten Flächen. Ziehe die Umrisslinien mit spitzem Bleistift nach und zeichne die Querringe der Hörner.

   Drehe nun das Blatt um und halte es gegen das Licht (oder betrachte es im Spiegel). Gibt es etwas, das du noch verbessern könntest?

   Radiere etwaige Schmierflecken weg.

Steppentiere

Vikunja

Vicugna vicugna

Südamerika. Länge: 1,4–1,6 m. Vikunjas leben nahe der Schneegrenze in den Anden (oberhalb von 4200 m). Wegen ihrer weichen und empfindlichen Hufe meiden sie steiniges Gelände. Besonders begehrt ist die an der Brust überstehende Wolle; zu Zeiten der Inkas durften nur Mitglieder der Herrscherfamilie Kleidung aus Vikunjawolle tragen. Die Hengste verteidigen ihr Revier durch Beißen und Ausspeien heraufgewürgter Nahrung.

Immer mit leichten Strichen vorzeichnen!

1. Zeichne zwei schräg liegende Ovale. Vergleiche die Neigung der Ovale mit dem Zifferblatt. Füge eine gekrümmte Rückenlinie und den gebogenen Schwanz hinzu und deute die flauschige Bauchbehaarung mit langen Strichen an.

2. Füge für den Kopf einen Kreis hinzu und bringe eine sanft geschwungene Nackenlinie an. Verlängere den Kreis nach vorne und füge Nase und Mund hinzu. Zeichne Auge und Ohren. Arbeite nun das besonders lange Brustfell weiter aus.

3. Zeichne mit Hilfe kleiner Ovale für die Gelenke die Beine. Beachte die Ausrichtung der einzelnen Linien. Zeichne nur den sichtbaren Teil des dir abgewandten Hinterbeins.

4. Schraffiere den gesamten Körper mit kurzen Strichen. Konzentriere dich zunächst darauf, die richtigen Tonwerte zu erzielen, bevor du mit gespitztem Bleistift kurze Striche hinzufügst, um die Struktur des Fells zu betonen. Ziehe abschließend die Umrisslinien mit spitzem Stift nach und skizziere den Körperschatten. Radiere die Schmierflecken weg.

Steppentiere

Immer mit leichten Strichen vorzeichnen!

Viscacha

Lagostomus maximus
Argentinien. Länge: 62–86 cm.
Diese großen Nager leben in verzweigten Erdbauen. Dabei graben sie mit den Vorderbeinen und schieben die lockere Erde mit der Nase aus dem Weg. Wie sie es machen, dass ihnen kein Schmutz in die Nase gelangt? Sie verschließen einfach die Nasenlöcher ...

1. Zeichne ein geneigtes Oval für die Schulter und füge daneben ein runderes und größeres Oval hinzu. Deute Rücken- und Bauchlinie wie abgebildet an.

2. Zeichne für den Kopf ein senkrechtes Oval, das die Schulter leicht überlappt. Füge zwei Ohren hinzu. Zeichne unterhalb der Schulter das vordere Bein und unterhalb des großen Ovals den fast waagerechten hinteren Fuß. Skizziere den Schwanz mit kurzen, nach außen gerichteten Strichen.

3. Zeichne das Auge und einen Buckel für den Brauenbogen des nicht sichtbaren zweiten Auges. Verlängere das Kopfoval nach vorn und füge Nase und Mund hinzu. Arbeite das Innere der Ohrmuschel aus und zeichne die Kehlfalten ein. Füge den sichtbaren Teil der dir abgewandten Beine hinzu. Ziehe die Umrisslinien mit einem spitzen Bleistift nach.

4. Schraffiere mit kurzen Strichen den Körper. Spare unten und am Schwanz einen Fleck aus und zeichne das Gesichtsmuster sorgfältig nach. Füge abschließend Schnurrhaare und Körperschatten hinzu.

Und fertig ist der Viscacha!

Steppentiere

Bengalgeier

Gyps bengalensis
Vorderindien. Größe: 80 cm.
Flügelspannweite: 2,2 m.
Geier sind Aasfresser und beseitigen die von anderen Tieren verschmähten Fleischreste. In großen Höhen kreisend halten sie mit scharfem Blick Ausschau nach der nächsten Mahlzeit. Geier besitzen keine Kopf- und Halsfedern, da diese bei ihrem blutigen Geschäft rasch besudelt wären.

Immer mit leichten Strichen vorzeichnen!

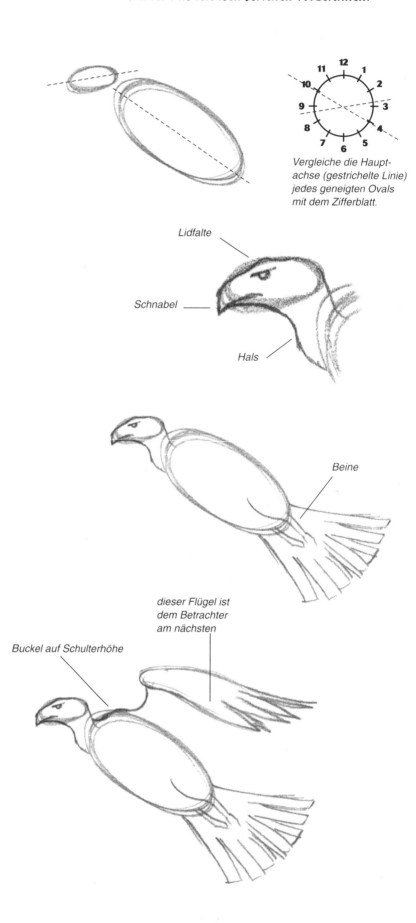

1. Zeichne mit leichtem Strich zwei Ovale für den Kopf und Körper des Geiers.

   Vergleiche die Größen der Ovale. Wie stark sind beide geneigt?

2. Skizziere mit spitzem Bleistift die Details des Kopfes und füge das Auge hinzu – eine kurze, gerade Linie mit einem Bogen darunter. Zeichne die beiden geschwungenen Halslinien.

3. Zeichne am hinteren Ende des großen Ovals die fächerförmigen Schwanzfedern. Füge die Beine hinzu.

4. Zeichne oberhalb des Körpers den Teil des Flügels, der dem Betrachter am nächsten ist. Zeichne diese komplizierte Form zunächst mit ganz leichtem Strich vor. Verbinde den Flügel mittels einer kurzen Bogenlinie mit dem Körper – sie mündet an der Schulter in einen kleinen Buckel.

52 Steppentiere

Immer mit leichten Strichen vorzeichnen!

5. Vergleiche den Verlauf der gestrichelten Linie mit dem Zifferblatt auf der gegenüberliegenden Seite. Zeichne dann die leicht geschwungene Linie der vorderen Flügelkante. Füge die bogenförmige Hinterkante beider Flügel hinzu.

6. Zeichne mit gespitztem Stift sorgfältig die Federn – fächerförmig gespreizt an den Flügelspitzen und zum Körper hin zunehmend dichter und parallel.

7. Zeichne die Umrisslinien nach und radiere etwaige Schmierflecken weg. Schraffiere Schwanz und Flügelenden, aber lass die vordere Flügelpartie heller. Schraffiere Flügel, Kopf und Körper mit kurzen Strichen.

Radiere etwaige Schmierflecken weg.

Ein sehr gelungener Geier!

Steppentiere

Warzenschwein

Phacochoerus aethiopicus
Afrika. Länge: 1,5–2 m.
Das Warzenschwein verdankt seinen Namen zwei warzenartigen Ausbuchtungen auf jeder Gesichtshälfte. Die Tiere leben im Familienverband, lieben Wasser und ernähren sich von Gras und Früchten, bisweilen auch von Kleinsäugern und Aas. Bei Gefahr richten sie den Schwanz auf. Sie graben mit ihren Hauern, knien sich beim Fressen auf ihre breiten Schwielen und ruhen gut getarnt in Erdlöchern in der Nähe von Bäumen und Felsbrocken. Die Tiere sind 55 km/h schnell.

Immer mit leichten Strichen vorzeichnen!

1. Zeichne zwei schräg stehende Ovale und verbinde sie mit leicht geschwungenen Linien.

2. Füge mit leichtem Strich einen Kreis hinzu, der das linke Oval leicht überlappt (vom Nacken ist später kaum etwas zu erkennen). Verlängere das Gesicht nach unten und füge Auge und Ohren hinzu.

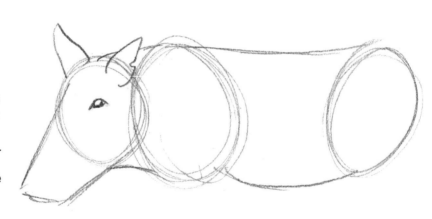

3. Zeichne unten am Kopf vier gekrümmte Hauer ein. Füge auf der dir abgewandten Seite zwei „Warzen" und den Brauenbogen hinzu. Zeichne auf der dir zugewandten Seite in Augennähe eine Warze und weiter unten einen halbmondförmigen Schatten. Füge die Kehlfalten hinzu.

Da diese „Warze" zum Betrachter weist, sieht man nur ihren Schatten.

4. Skizziere kleine Ovale für die Gelenke und zeichne die Beine. Achte auf die einzelnen Winkel und darauf, welche Beinabschnitte durch andere Körperpartien verdeckt sind.

5. Zeichne die Umrisslinien nach und betone einzelne Stellen. Füge mit kräftigen, flinken Strichen die wirre, borstige Rückenmähne hinzu. Vergiss den Schwanz nicht!

6. Schraffiere den gesamten Körper sorgfältig *(in dieser Zeichnung bleiben nur ganz wenige Stellen weiß)*. Drehe beim Schraffieren das Blatt immer wieder, um mit Hilfe der Striche die rundliche Gestalt zu betonen. Versieh Hals und Augenpartie mit weiteren Falten und beachte die dunklen Stellen an den Hinterbeinen (Muskeln und Sehnen). Füge zum Schluss den Körperschatten hinzu.

Berühre die Zeichnung nicht mehr, damit nichts verwischt. Radiere etwaige Schmierflecken weg.

Gib deinem Warzenschwein einen Namen – am besten einen, der mit „W" beginnt.

Steppentiere

Streifengnu

Connochaetes taurinus
Afrika. Länge: 2,3–3,4 m.
Gnus ernähren sich von Gras und leben in großen Herden, oft zusammen mit Zebras und Straußen. Löwen, Geparden, Wildhunde und Hyänen sind ihre Feinde. Was (g)nun? Natürlich zeichnen!

Immer mit leichten Strichen vorzeichnen!

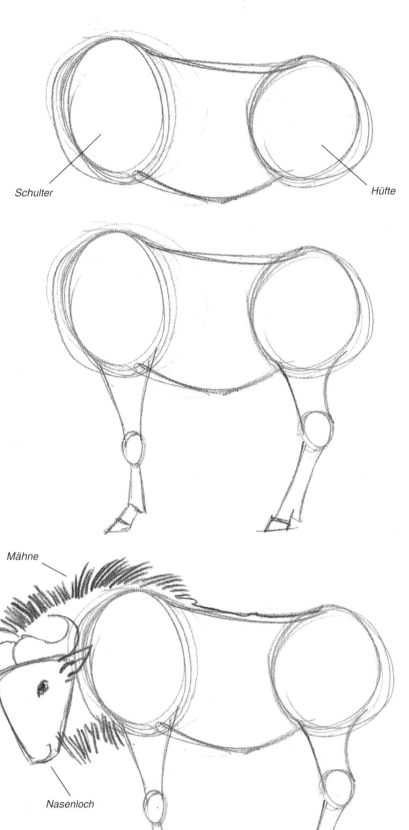

1. Zeichne zwei fast kreisförmige Ovale, eines für die Schulter und eines für die Hüfte. Verbinde beide Ovale mit einer fast geraden Rückenlinie und einer sanft geschwungenen Bauchlinie.

2. Zeichne Vorder- und Hinterbein vor. Achte genau auf die Winkel der einzelnen Abschnitte. Füge die Hufe hinzu.

3. Skizziere – links auf Höhe der Schultermitte beginnend – den nahezu dreieckigen Kopf. Füge die seitlich abgespreizten Ohren sowie Auge und Nasenloch hinzu. Zeichne über dem Kopf die geschwungenen Hörner sorgfältig ein. Zeichne von der Nackenlinie aus mit zahlreichen kurzen Strichen die Mähne. Deute die Halsmähne mit dicht beieinander liegenden Abwärtsstrichen an.

Immer mit leichten Strichen vorzeichnen!

4. Skizziere die beiden dir abgewandten Beine und füge den Schwanz hinzu. Schraffiere zuerst die dunkelsten Bereiche (siehe fertige Zeichnung). Schraffiere die Halspartie mit kurzen, senkrechten Strichen stärker.

5. Schraffiere mit kurzen Strichen fast den gesamten Körper. Füge den Körperschatten und Grasbüschel hinzu. Radiere etwaige Schmierflecken weg.

Steppentiere

Kap-Bergzebra

Equus zebra zebra
Afrika. Schulterhöhe: 1,3 m.
Diese seltenen Zebras wären in den 1940er Jahren beinahe ausgestorben. Die Hauptgefahr drohte ihnen durch den Verlust ihres Lebensraums, da Viehzäune den Weg zu den Wasserlöchern versperrten. Heute leben nur noch rund 450 dieser Tiere.

1. Skizziere mit leichtem Strich zwei schräg stehende Ovale. Vergleiche die Neigung der Ovale mit dem Zifferblatt. Verbinde beide Ovale mit einer leicht gebogenen Linie für den Rücken.

2. Füge den Schwanz hinzu. Skizziere am anderen Ende für den Kopf ein Oval (auch hier die Neigung beachten) und zeichne ganz vorn das Auge ein. Beachte die Position des Auges in Bezug zur Schulter. Füge Nacken- und Halslinie hinzu.

3. Füge nun die Ohren, den Umriss der Mähne, die Ausbuchtung am Hals und die Mundpartie mit Nasenloch hinzu. *Zeichne locker vor, bis du mit dem Ergebnis zufrieden bist!*

4. Skizziere Ovale für die Gelenke und zeichne dann die Beine. Das hintere Bein ist dreifach abgeknickt! Das Zifferblatt soll dir die Orientierung erleichtern, falls es dir zu schwierig wird.

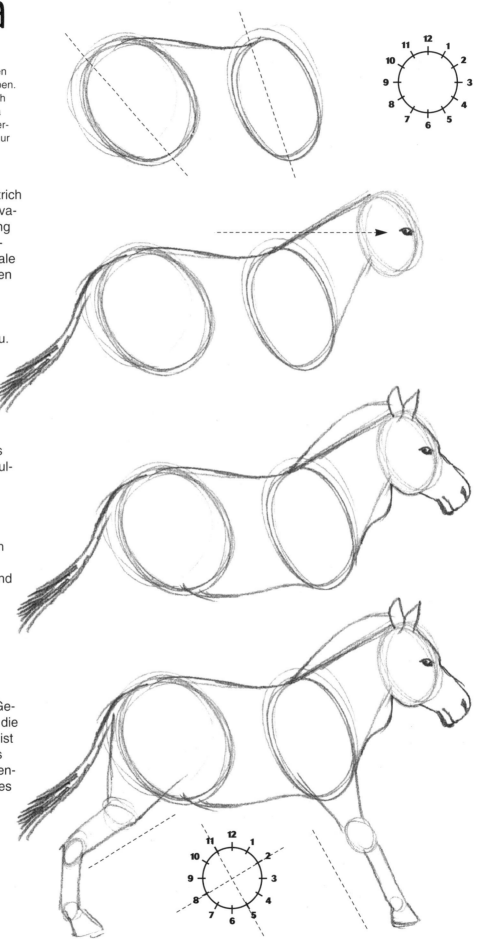

58 Steppentiere

Immer mit leichten Strichen vorzeichnen!

5. Oh ja, diese Zeichnung sieht schon ganz gut aus. Zeichne die beiden dir abgewandten Beine leicht vor und achte genau auf die einzelnen Winkel. Radiere die Ovale vorsichtig weg – zu Beginn waren sie hilfreich, doch nun würden sie nur das Streifenmuster stören!

Du hast doch wohl mit leichtem Strich vorgezeichnet?

6. Füge Streifen, Schraffuren und Grashalme hinzu. Zeichne Details immer mit spitzem Bleistift. Dies gilt auch für das Vorzeichnen des Streifenmusters. Berühre die fertigen Abschnitte möglichst nicht mehr. Am besten legst du ein sauberes Blatt Papier unter die Hand oder drehst die Zeichnung so, dass die Hand bei der Arbeit auf einer weißen Fläche liegt.

Noch etwas: Du kannst die Zeichnungen auch mit einem schwarzen Buntstift vollenden, denn damit lässt sich sauberer arbeiten als mit einem gewöhnlichen Grafitbleistift.

Ein Wort zu den Streifen: *Das einsame Zebra weiter oben ist ein auffälliges Opfer für einen hungrigen Löwen! Bei einer ganzen Herde jedoch lässt sich nicht so leicht erkennen, wo das eine Zebra aufhört und das nächste beginnt!*

Steppentiere

Zeichentipps

Auf die Linie kommt es an

Nicht alle Linien und Striche sind gleich, und nur manche Linien lassen ein Tier lebendig werden. Versuche, deine Linien interessant zu machen. Lerne, wie du Linien einsetzen musst, um das Besondere an dem Tier, das du zeichnest, wiederzugeben. Hier einige Vorschläge.

Beide Paviane haben die gleiche Form. Von welcher der beiden Zeichnungen würdest du gern sagen können, es sei deine eigene?

✔ Interessante Konturen herstellen

Wodurch wirken die Konturen (der Umriss) in der einen Zeichnung interessanter als in der anderen? Erkennst du die Technik, mit der du deine Zeichnung realistischer gestalten kannst?

✔ Strukturen erzeugen

Welche der beiden Zeichnungen gibt dir eine Vorstellung davon, wie sich der Pavian anfühlen würde?

✔ Gestalt verdeutlichen

Wie können Linien außerdem dazu beitragen, die räumliche Gestalt anzudeuten? Kannst du in den beiden letzten Zeichnungen solche Bereiche erkennen, deren Linien eine räumliche Wirkung erzeugen?

Steppentiere

Zeichentipps

Leicht und locker beginnen

Du hast es (hoffentlich) in diesem Buch oft genug gelesen: *Immer mit leichten Strichen vorzeichnen.* Mit anderen Worten: Immer zunächst skizzieren.

Skizzieren heißt, Ideen und verschiedene Varianten auszuprobieren und sich nicht zu viele Gedanken darüber zu machen, ob das Endprodukt perfekt wird.

Durch Skizzieren kannst du dein Zeichentalent bedeutend verbessern. Versuche, einige Tiere – nach lebendigen Vorlagen, Bildern, Videos oder Fernsehen – rasch zu skizzieren, um ein Gefühl für das jeweilige Tier zu bekommen. Überarbeite anschließend deine Skizze, bis die Zeichnung fertig ist.

Vielleicht findest du ja – wie vermutlich alle Illustratoren und Künstler –, dass deine Skizzen lebendiger sind und mehr vom Charakter des Tieres zeigen als die fertige Zeichnung.

Dann kann ich nur sagen: Herzlich willkommen!

Zeichnen auf Zeit

Wähle ein Thema und zeichne ein Bild in einer bestimmten Zeit – das erste in **5 Sekunden** (das ist wirklich möglich!). Zeichne als Nächstes ein Bild in 30 Sekunden. Und dann noch eines in 2 Minuten. Lass dir anschließend so viel Zeit, wie du brauchst – zehn Minuten, eine halbe Stunde, einen Tag ... Merkst du den Unterschied? Was macht dir am meisten Spaß?

Steppentiere

Ein Wort zum Schluss

Hebe deine Arbeiten auf!

Wann immer du eine Zeichnung oder auch nur eine Skizze anfertigst, solltest du deine Initialen darunter setzen, das Datum dazuschreiben und die Zeichnung in einer Präsentationsmappe aufbewahren. Du wirst sehen: Manchmal verbessern sie sich dort auf geheimnisvolle Weise! Mir zumindest ist das schon oft passiert, gerade mit Zeichnungen, die ich gar nicht gut fand, aber für alle Fälle dann doch aufgehoben habe ...

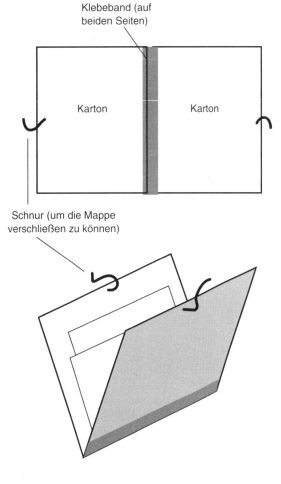

Selbst gebastelte Zeichenmappe

Register

Afrikanischer Elefant	18
Afrikanischer Wildhund	16
Bengalgeier	52
Bison	10
Breitmaulnashorn	42
Erdmännchen	34
Gabelbock	38
Gepard	14
Giraffe	22
Giraffengazelle	20
Großer Ameisenbär	5
Großer Kudu	28
Grüner Pavian	8
Kaffernbüffel	12
Kanincheneule	33
Kap-Bergzebra	58
Löwe	30
Neunbinden-Gürteltier	6
Rotes Riesenkänguru	26
Saiga	44
Schwarzschwanz-Präriehund	36
Sekretär	46
Streifengnu	56
Thomsongazelle	48
Tüpfelhyäne	24
Vikunja	50
Viscacha	51
Wanderheuschrecke	32
Warzenschwein	54
Wildkaninchen	40

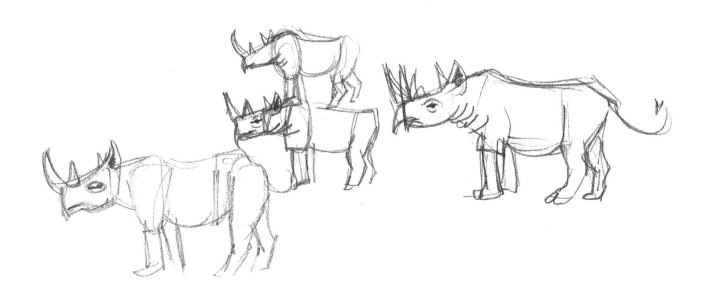

Zeichnen Schritt für Schritt
Alle Titel:

Abenteuer Galaxis

Autos

Dinosaurier

Insekten

Meerestiere

Perspektive

Ritter & Drachen

Sportler

Steppentiere

Urwaldtiere

Wüstentiere